I0233651

ESSAI ARCHÉOLOGIQUE

SUR

L'IMAGE MIRACULEUSE DE NOTRE-DAME DE GRACE

DE LA CATHÉDRALE DE CAMBRAI.

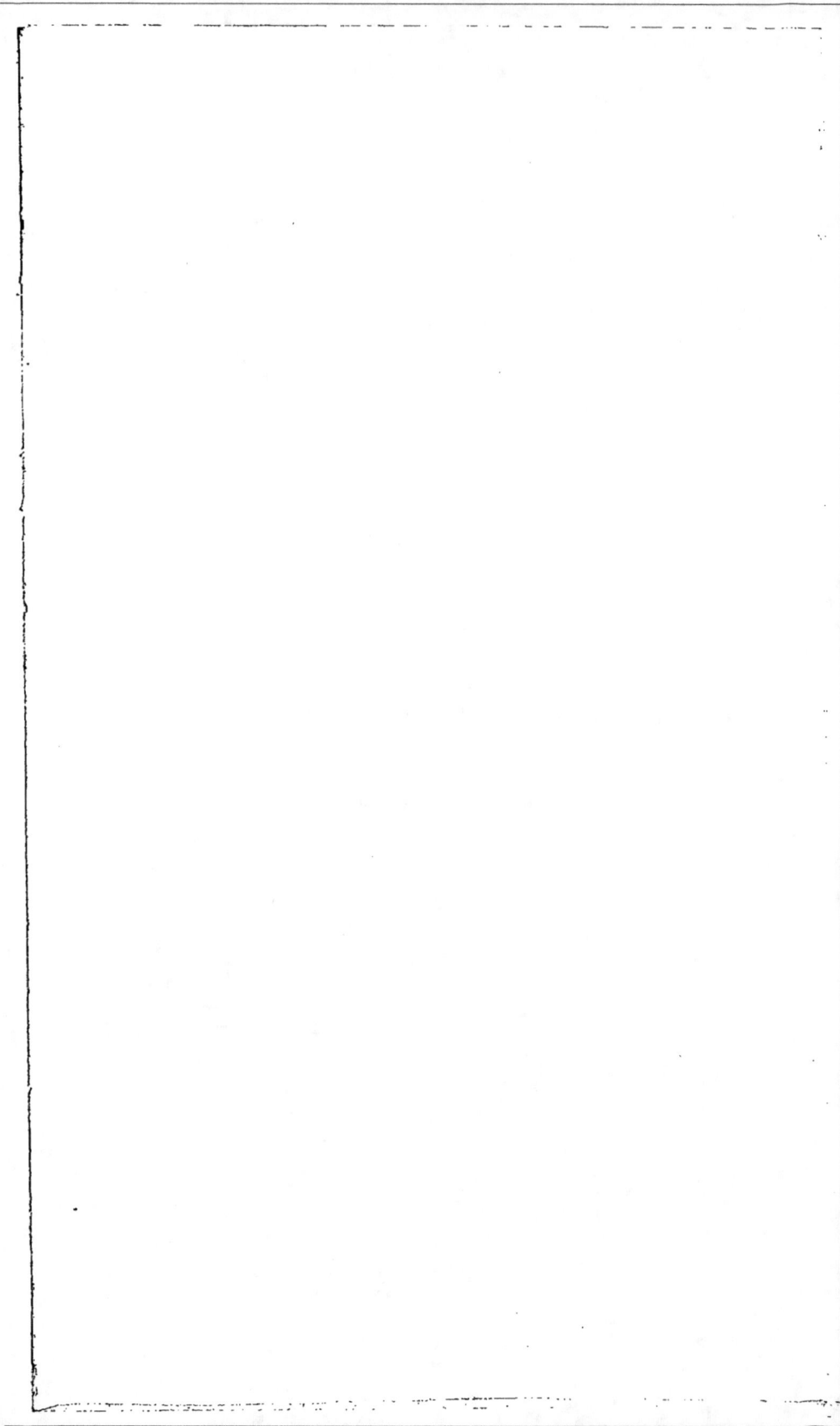

ESSAI ARCHÉOLOGIQUE

SUR L'IMAGE MIRACULEUSE DE

NOTRE-DAME DE GRACE

DE LA CATHÉDRALE DE CAMBRAI,

ET SUR LA POSSIBILITÉ QUE SAINT LUC EN SOIT L'AUTEUR, AINSI QUE D'AUTRES
IMAGES DE LA VIERGE MARIE HONORÉES EN GRÈCE, EN ITALIE
ET EN FRANCE ;

Par M. E.-J. FAILLY,

Inspecteur des Douanes, Membre correspondant de la Commission historique du département du Nord.

———⟨◦❂◦⟩———

LILLE,

IMPRIMERIE DE L. DANEL, GRANDE-PLACE.

1844.

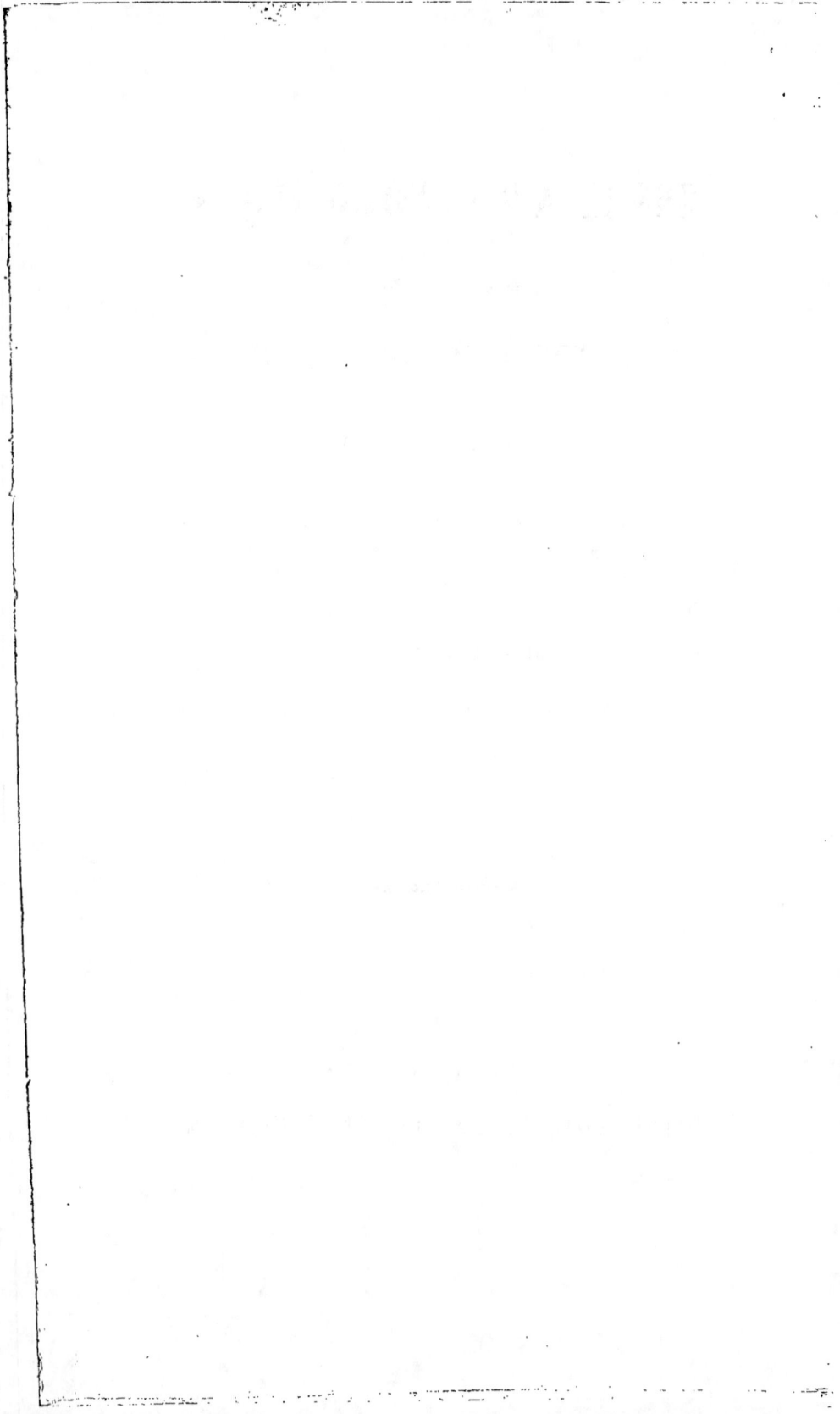

A Messieurs les Président et Membres de la Commission historique du département du Nord, à Lille.

Au commencement du mois de janvier 1841, feu Monseigneur Louis BELMAS, Evêque de Cambrai, témoigna le désir d'avoir mon opinion sur le tableau de sa cathédrale attribué à saint Luc. Certes il aurait dû s'adresser à plus habile que moi; mais l'amitié dont il voulait bien m'honorer le fit passer sur mon insuffisance. Il me pressa donc de commencer des études dont il regrettait de n'avoir pu jusqu'alors s'occuper lui-même. Je n'avais rien à lui refuser; et d'ailleurs mon amour-propre était suffisamment à couvert par son extrême bienveillance.

Il donna l'ordre de me montrer la madone; et dans les premiers jours de mai 1841, j'eus l'honneur de lui offrir le premier essai, qu'il a reçu avec une bonté qui témoignait sans doute beaucoup trop de son affection pour l'auteur. Après tout, son indulgence, quoique habituelle, était ici commandée, puisqu'il avait personnellement à se reprocher de l'avoir mis dans le cas d'y recourir.

Ces premières recherches furent aussi communiquées à quelques amis, et provisoirement déposées, le 15 mai 1841, aux archives d'une société qui s'occupe d'archéologie. Je viens de les reprendre, de les revoir, et ce travail, entièrement refondu, a subi, sinon de notables améliorations, du moins de très-nombreuses additions (1). Je m'empresse, toutefois, de reconnaître qu'il aurait grandement besoin d'en subir encore pour être digne de la savante Commission à laquelle j'ai l'honneur de le soumettre.

Cambrai, le 27 janvier 1844.

E.-J. FAILLY.

(1) Le manuscrit remis à Mgr. Belmas ne contenait que 13 pages.

ESSAI ARCHÉOLOGIQUE

Sur l'image miraculeuse de **Notre-Dame-de-Grâce** de la cathédrale de Cambrai, et sur la possibilité que saint **Luc** en soit l'auteur, ainsi que d'autres images de la **Vierge Marie** honorées en **Grèce**, en **Italie** et en **France**.

> Quidquid decenter docta disputatio.....
> (Marti. Capell.)

Je suis allé voir, dans la matinée du 5 mars 1841, à la sacristie des chanoines de la cathédrale de Cambrai , la châsse renfermant le tableau dit: *Image miraculeuse de Notre-Dame de Grâce.* Il est peint sur un panneau de bois de cèdre , qui porte trente-cinq centimètres de hauteur, sur vingt-six centimètres de largeur. Le revers du panneau est tapissé d'une peau de vélin , collée et très tendue ; cette peau est elle-même cachée par une étoffe de soie verte damassée. Le tableau est entouré par une bordure en argent, dont les plates-bandes unies sont assemblées sans soudures. Quatre ornements en vermeil et de style assez moderne sont appliqués aux quatre coins de la bordure d'argent, dont ils cachent les onglets. La partie inférieure de la bordure repose sur une base en argent laminé et à moulures, qui exhausse la châsse d'environ douze centimètres et lui sert de piédestal. En dehors de l'encadrement, qui est cintré, quoique le tableau ne le soit pas, brillent un grand nombre de bijoux en or, tels que chaînes, cœurs, bagues , colliers, croix, pendants d'oreilles, médailles, reliquaires, etc. Tous ces *ex-voto* sont attachés à des montants en fil de fer, qui encadrent la bordure de l'image (1).

La peinture est recouverte par un verre très-commun, très peu blanc et rempli de bulles. On aperçoit que le panneau a été autrefois encastré dans une autre bordure que celle d'aujourd'hui. Il est maintenant désuni par le milieu de sa hauteur. La peinture est fendillée d'un bout à l'autre; elle se sépare du panneau à plusieurs endroits (2), et bientôt, je le crains, elle aura besoin d'être enlevée (3) et replacée sur une toile. La couleur n'est presque pas altérée; elle est très-peu salie. Deux petites raies se voient dans le fond et dans les habillements. Le fond est encore très-fraîche-ment doré.

La Vierge porte un nimbe quadrillé à la manière des madones byzantines. Son manteau est vert-bleu; il est entouré d'une bordure rouge-vermillon, brodée en jaune-clair. Les ornements de cette broderie ont quelque peu de ressemblance avec les caractères

(1) La fabrique vend ces offrandes à de longs intervalles pour aider à l'entretien de l'église cathédrale. En 1836 elle en a fait fondre pour 1,400 francs. J'ai racheté alors, pour les conserver dans mon cabinet, deux croix et des pendants d'oreilles en diamants, montés dans le seizième et dans le dix-septième siècle, et qui sont d'un travail fort élégant.

(2) Ces accidents proviennent, à n'en pas douter, de ce que le tableau est conti-nuellement enfermé dans une armoire prise dans l'épaisseur d'un gros mur. Il y est privé d'air, et l'humidité qu'il y contracte, n'ayant pas d'absorption possible, le détériore peu à peu. La peau de vélin dont il est tapissé d'un côté étant de sa nature hygromé-trique est une autre source de dégradation permanente, puisque le verre qui couvre la peinture s'oppose à ce que l'humidité qui s'y condense trouve aucune voie d'évaporation.

(3) Terme technique de l'art du réparateur de tableaux. *Enlever* une peinture,

des langues de l'Orient. On ne voit de la robe que les manches, qui sont aussi de couleur rouge-vermillon et brodées comme l'est la bordure du manteau.

La Vierge a les yeux longs et très-peu ouverts; son nez est long et droit, la bouche petite et le menton court. Son manteau, qui fait office de voile, recouvre sa coiffure, bordée de rouge, qui ne laisse voir qu'une très-petite partie du front (1). Deux rosaces dorées sont brodées sur le manteau, aux endroits où il recouvre la tête et l'épaule droite de la madone.

La Vierge tient dans ses bras son fils, qui n'a de nu que les jambes, les bras et la tête. Le corps de l'enfant Jésus est enveloppé dans un lange blanc et recouvert d'un mantelet rouge sans broderie. La tête de l'enfant est ornée d'une gloire, d'un nimbe bien moins brillant que celui de sa mère. De la main droite l'enfant Jésus prend le menton de la Vierge, et de la gauche il saisit la bordure de son manteau. Ses yeux sont très-petits, son front déprimé, ses

---

c'est détacher de l'impression la pâte, et la reporter sur une nouvelle toile aussi imprimée. Cette opération est connue depuis près de cent ans; mais elle a été bien perfectionnée au commencement du dix-neuvième siècle par Hacquin, réparateur de tableaux du Musée royal. Cet habile artiste a mis sur toile *la Transfiguration* de Raphaël, donnée à la France par le traité de Campo-Formio. Ce tableau avait été peint sur treize madriers de châtaignier fort épais qui s'étaient désunis : la peinture se boursoufflait, et il courait ri que de se perdre quand Hacquin entreprit de le sauver en le mettant sur toile. L'opération a duré deux ans; c'est la plus longue, la plus difficile, et, sans contredit, la plus importante et la mieux réussie qui ait jamais été faite.

(1) Nous ferons remarquer que le voile dont la tête de la madone est couverte indique positivement une époque postérieure d'un siècle au règne de Constantin-le-Grand.

cheveux rares et aplatis, ses joues bouffies. La jambe droite est allongée outre mesure.

La madone n'est représentée qu'en demi-figure. De ses deux mains, dont les doigts sont très-effilés, elle presse son fils sur son cœur, et le mouvement de sa tête semble indiquer qu'elle va l'incliner pour donner un baiser à l'enfant Jésus.

Ce petit tableau, encore plus mal dessiné que mal peint, ne manque pourtant ni de naïveté, ni d'une certaine harmonie. Il est, à n'en pas pouvoir douter, une copie des madones de style byzantin, encore aujourd'hui assez communes en Italie, où les plus anciennes passent, chez le peuple, pour être l'ouvrage de l'évangéliste saint Luc.

Le tableau qui nous occupe a été rapporté de Rome, en 1440, par le chanoine de Cambrai, Fursy de Bruile, originaire de Péronne (1), qui le légua, à sa mort, en 1450, à l'église métro-politaine. Ainsi, cette image, avant d'appartenir à la cathédrale de Cambrai, est restée pendant dix ans la propriété d'un simple particulier. Elle n'a commencé à avoir de caractère public qu'en 1452, époque à laquelle elle fut placée et inaugurée dans la chapelle de la Sainte-Trinité de notre métropole. Elle y resta longtemps déposée, puisque ce ne fut qu'au commencement du dix-huitième siècle qu'elle eut, dans la cathédrale, une chapelle spéciale, qu'on nomma *Chapelle de Notre-Dame de Grâce*. Le buffet qui contenait la châsse était fermé par une fort belle boiserie en chêne s'ouvrant à deux battants, sur laquelle on avait sculpté *la Salutation angélique*, puis au-dessous *Saint Luc peignant*

(1) Saint-Fursy est le patron de la ville de Péronne.

la Vierge. Derrière ces portes se trouvait une élégante grille en fer, à rosaces dorées, qui fermait l'habitacle de la châsse, et qui la laissait voir quand les portes sculptées étaient ouvertes. Cette boiserie et cette grille avaient été faites en 1743 (1), sous l'Archevêque Charles de Saint-Albin. Elles ont été conservées et se trouvent placées dans la cathédrale actuelle, où elles enferment encore la châsse du tableau de la Vierge. Malheureusement les sculptures ont été peintes à l'huile en 1839, et je ne sais par quelle inqualifiable distraction on a divisé, à la même époque, les deux sujets de la boiserie, primitivement réunis, et de telle sorte

(1) A la même époque, la tombe du chanoine Fursy de Bruile, qui avait été placée dans la chapelle où se trouvait la Sainte Vierge qu'il avait donnée, en fut enlevée ainsi que l'épitaphe qu'on y avait gravée. Ce tombeau et cette épitaphe rappelaient peut-être à trop de monde qu'une grande part de la célébrité de la cathédrale était due à la munificence du chanoine. Aurait-on eu la crainte que ce souvenir toujours présent ne nuisît à la considération de la madone, dont il fixait l'origine qu'on aurait peut-être eu besoin d'obscurcir ou d'éloigner?

L'épitaphe de Fursy de Bruile nous a été conservée par Julien de Ligne; j'en donne ici la copie :

Hic antè sub quadrato marmore jacet vir venerabilis magister Fursæus de Bruile, *decretorum doctor, oriundus de Peronná, quondam Valencenensis in hác et Novioniensi ecclesiis Archidiaconus et Canonicus, qui præsentem imaginem gloriosæ Virginis à Lucá (ut piè creditur) depictam, hic deponi ordinavit. Obiit anno 1450, die 17 decembris. Orate pro eo!*

Il est à remarquer que tant que la tombe et l'épitaphe étaient restées dans la chapelle de la Sainte-Trinité, c'est-à-dire, pendant trois siècles, on n'avait pas célébré le centième anniversaire de l'entrée de la madone dans la métropole. Au 15 août 1752, on célébra cette fête séculaire avec une grande pompe. Depuis six ans le nom du donataire avait disparu de la chapelle, qui avait elle-même pris un nouveau nom.

Fursy de Bruile avait aussi donné une très-belle cloche à l'église métropolitaine. Ce riche présent, et surtout celui de la Sainte Image dont la destinée avait été si brillante, auraient mérité plus de reconnaissance pour sa mémoire. On avait dépassé en cette circonstance le précepte d'Horace : *Muneribus sapienter uti.*

qu'ils ornent maintenant deux chapelles fort éloignées l'une de l'autre. A celle de la Vierge, la châsse est actuellement enfermée par la sculpture qui représente *l'Annonciation*, tandis que le panneau qui représente *Saint Luc peignant la Vierge* décore la chapelle des Trépassés.

L'image de la Madone de Cambrai est une peinture à l'huile qui ne présente aucune trace de vernis. Placée dans les conditions de dégradation incessante que nous avons signalées à la note 2, p. 8, une peinture en détrempe ou à l'encaustique n'y aurait certainement pas résisté quatre siècles. L'humidité de nos climats a, depuis longtemps, fait disparaître celles qu'on avait produites par ces deux méthodes abandonnées. On sait que Van Eyck (Jean de Bruges) découvrit selon les uns, retrouva selon les autres, le moyen de peindre à l'huile, vers 1410 (1). Ce serait donc trente ans après cette réinvention, que l'image qui nous occupe aurait été peinte et copiée d'après une ancienne peinture byzantine, mal-à-propos attribuée à saint Luc. Peut-être que notre madone serait l'ouvrage de quelque disciple de l'école d'Antonello, de Messine (2), de ce maître qui avait étudié la peinture à Rome dans les écoles gréco-

(1) Il paraît maintenant certain que Van Eyck n'a fait que retrouver et perfectionner le moyen de peindre à l'huile. Le moine Théophile, peintre du onzième siècle, dans son traité *De omni scientiá artis pinguindi* (*sic*), s'exprimait ainsi : « *Accipe colores quas* » *imponere volueris, terens eos diligenter oleo lini sine aquá, et fac mixturas* » *vultuum et vestimentorum sicut superius aquá feceras......* » Nous pensons que toute controverse devrait cesser à la production de ce passage qui contient si clairement tout le secret de la peinture à l'huile. Plusieurs siècles l'avaient tenu caché dans les pages d'un manuscrit dont Van Eyck aura eu l'heureuse communication. Personne plus que lui n'était digne de cette bonne fortune.

(2) Mon très-regrettable ami, M. Fidèle Delcroix, a publié, le 18 juin 1841, quelques réflexions sur la madone de Cambrai. Avant cette publication il avait eu communi-

italiennes, et qui, après avoir été en Flandre acheter son secret à Van Eyck, près duquel il était demeuré jusqu'en 1437, revint s'établir à Venise, puis à Rome, où il avait pratiqué la peinture à l'huile. Il communiqua le nouveau procédé à son ami Domenico et à Jean Bellini, tous deux de Venise, qui ne s'occupèrent guère qu'à peindre des madones. Ces deux disciples d'Antonello furent employés par le pape Eugène IV à la restauration des peintures et à l'embellissement de l'église de Notre-Dame de Lorrette.

Le chanoine Fursy de Bruile, arrivé à Rome au moment même de l'application de cette nouvelle découverte par Antonello, aura voulu porter dans son pays la copie fidèle d'une image en grande

cation de mon manuscrit. M. Delcroix s'est trop fié à sa mémoire quand il a cru pouvoir se servir de mon opinion, qu'il avait d'ailleurs approuvée. Il a fait *Antoine* (*Antonio*) au lieu d'*Antonello*, auteur de notre tableau de la Sainte Vierge; tandis que mon manuscrit disait précisément le contraire. Quand il m'eut lu imprimée sa *Lettre sur la cathédrale de Cambrai*, je lui en fis l'observation; mais la Commission historique du Nord l'avait déjà reçue; il n'a pas cru devoir la corriger. Au surplus, il m'avait fortement engagé à envoyer mes recherches à la Commission; et c'est à cause du retard que je mettais à me rendre à son invitation, parce que mon travail ne me semblait pas encore suffisamment étudié pour être envoyé à cette savante compagnie, qu'il a, de mon consentement, pris le parti de me devancer en adoptant, croyait-il, ma manière de voir sur l'origine de la madone de Cambrai.

Cette manière de voir, il l'a donc erronément reproduite, parce que, comme je viens de le dire, sa mémoire l'avait mal servi en cette circonstance. M. Delcroix s'est encore trompé grandement quand il a parlé de quelque ressemblance possible entre la madone de Cambrai et celles de Cimabue. Cet artiste créateur ne serait pas reconnu pour l'un des chefs de l'école plastique s'il avait jamais pu produire des œuvres pareilles à l'image de notre cathédrale : leur plus grand défaut est, à coup sûr, d'avoir par trop négligé les contours. Après tout, comme c'est ici une question de fait, je renvoie le lecteur à faire lui-même la comparaison entre les deux manières. Cette question, si cela pouvait jamais en faire une sérieuse, serait bientôt décidée : il ne faut que se donner la peine d'ouvrir les yeux. Mon digne ami n'avait pas vu à Florence cette belle madone de Cimabue de l'église de Santa-Maria de la Nova. Il aurait bien regretté l'affront involontaire qu'il faisait au père de la renaissance des arts en Italie.

considération dans l'Italie. Les tableaux étaient encore très-rares en Flandre à cette époque ; et c'était alors un legs précieux à faire à la métropole, dont il était l'un des archidiacres. Cette copie aura peu à peu partagé la gloire, le mérite, la vénération dont, à Rome, on entourait l'original. La foi peu éclairée, le besoin, l'amour du merveilleux et quatre siècles auront fait le reste.

Il existe en Flandre, et surtout à Cambrai, un très-grand nombre de copies de la Notre-Dame de Grâce ; presque toutes sont peintes sur bois de chêne et sont, pour la plupart, de moindres dimensions que le modèle. Quelques-unes ont été, dit-on, avec la permission du Chapitre, faites dans le seizième siècle. Elles sont, à coup sûr, devenues fort rares, car malgré mes recherches, je n'ai jamais pu en rencontrer une seule. Le plus grand nombre semblent dater du dix—septième et même du dix-huitième siècle. J'en ai vu de très-exactement reproduites, quoique avec bien moins de finesse de ton (1). Je ferai voir à la page 33, quand je parlerai des médailles de la madone, que toutes ces copies ne sont pas anté-rieures au dix-septième siècle. On n'aura si souvent reproduit en peinture le tableau de Notre-Dame de Grâce qu'au moment où l'on

(1) Monseigneur Pierre Giraud en possède une copie sur toile, datée de 1767, qui est à peu près des mêmes dimensions que l'image de la châsse de sa cathédrale. Elle doit être de la main du peintre Antoine St.-Aubert.* A cette époque il en a fait plu-sieurs, mais qui ne sont pas assez dans l'esprit du modèle.

Un instituteur, du nom de Férarino, qui demeure à Honnechy, près du Câteau, est propriétaire d'une fort passable copie de notre madone. Elle est peinte sur un grand panneau de chêne, et entourée de guirlandes de fleurs. Elle doit avoir été exécutée dans le dix-septième siècle.

* Ce peintre a laissé quelques œuvres inspirées du genre de Lancret, qui a été son maître. Il est l'aïeul du peintre de paysages du même nom, qui, de nos jours, a obtenu des distinctions à nos expositions pu-bliques. Antoine St.-Aubert, né en 1715, à Cambrai, y est mort en 1788.

multipliait aussi ses images sur le cuivre et sur l'argent. Il est à croire que tableaux et médailles sont de la même date , c'est-à-dire de l'époque à laquelle la délivrance récente de la ville lui était généralement attribuée. Le caractère religieux des Espagnols , qui secoururent efficacement Cambrai en 1649, a sans doute beaucoup

J'en possède moi-même une copie de la même époque, sur panneau de chêne de 18 centimètres de hauteur sur 13 centimètres de largeur. Elle est bordée d'un cadre en ébène fort élégant. La conservation en est parfaite, et c'est l'exacte reproduction du tableau de notre métropole. Elle est peinte absolument dans le sentiment de l'original : je ne connais pas de copie qui le retrace plus fidèlement. Je l'ai achetée quatre francs, à Cambrai, le 29 avril 1841, et c'est bien tout ce qu'elle vaut.

On en compterait par centaines à Cambrai dans les maisons religieuses et chez les particuliers, et aussi dans le Cambraisis : mais la plupart, même les trois copies de l'hospice Saint-Julien , sont de mauvais ouvrages du dix-septième siècle, qui ne méritent guère d'être cités ici. Au point de vue de l'art, la plus grande des trois madones de cet hôpital serait, sans contredit, la plus faible, encore est-elle surchargée de repeints. Certes on ne peut pas voir dans cette peinture l'une des trois anciennes copies exécutées par le peintre Cristus. Il est plus que probable que le comte d'Etampes n'aura pas demandé la permisssion d'envoyer cet artiste de Bruges à Cambrai, afin d'en faire trois copies, pour qu'il laissât l'une d'elles dans la ville où se trouvait son original.

J'en ai vu chez M. Legros, à Valenciennes, une fort bonne répétition en relief, exécutée sur un plat de terraille vernissée à la manière de celles de Bernard. Elle portait la date de 1649. — Il en existe aussi une curieuse copie, en bas-relief sur chêne colorié, chez M. V. Delattre, à Cambrai. Ce n'est qu'à la fin du seizième siècle qu'on a abandonné le coloriage des sculptures en bois; de sorte que le bas-relief de M. V. Delattre serait peut-être la plus ancienne copie connue de la madone de Cambrai.

M. Ed. Queulain, de Cambrai, possède, dans son riche cabinet, une jolie quenouille en ivoire sur le sommet de laquelle est représentée la Madone de Cambrai. Ce meuble précieux a été offert par les dames de la ville à la comtesse de Fuensoldagne dont le mari avait, avec l'appui de la Madone, fait lever le siège que le comte d'Harcourt avait mis devant Cambrai, en 1649.

M. Hattu , de Cambrai, conserve une très-belle gravure, de Jacques Van Merle , qui retrace parfaitement les traits de Notre-Dame de Grâce. Cette gravure au burin est du dix-septième siècle; elle a 44 centimètres de hauteur sur 37 de largeur. Je ne la connais que chez M. Hattu.

contribué à augmenter la dévotion à l'image de notre madone. Cette dévotion, qui s'était épanchée par des médailles, en 1649, s'épancha de la même manière au blocus de 1657 et au siége de 1676, quand on inscrivait sur les médailles de la madone : *Tu nos ab hoste protege!* Cet ennemi, c'était Louis XIV.

La tradition fait de saint Luc le peintre attitré de la sainte Vierge : *Beatæ Virginis Mariæ quam corporaliter viderat imaginem depinxerat*, dit la légende, en parlant de cet évangéliste. On le désigne comme le plus ancien peintre chrétien. Plusieurs églises de l'Italie sont célèbres par les images de la Vierge Marie qu'elles montrent avec complaisance comme étant l'ouvrage de saint Luc. A Rome, à Sainte-Marie-Majeure, on voit un précieux portrait de la Vierge, qui appartient à la plus haute antiquité chrétienne. On a découvert, dans des fouilles exécutées près de cette église, lors de la dernière de ses trois reconstructions, une ancienne inscription qui donne cette image de la Vierge comme *una ex septem à Lucâ depictis*. A Rome encore, dans les églises de Sainte-Marie-du-Peuple et de Sainte-Marie-d'Ara-Cœli, sont exposées des images de la Vierge attribuées à saint Luc.

A Bologne, à Faënza, à Naples, à Milan, au couvent du Mont-Liban, de pareilles images, imputées au même auteur, sont offertes à la vénération des fidèles. Je ne parle ici que des sept madones les plus renommées et qui ont en leur faveur la tradition la plus ancienne ; car, en Italie, beaucoup de couvents, beaucoup d'églises, que je n'ai pas cités, ont aussi la prétention de posséder une image de Marie peinte par saint Luc. La cathédrale de Cambrai, la chapelle de Notre-Dame-du-Grau, à l'embouchure de l'Hérault, près d'Agde, ont eu la même prétention. Il est à remarquer que les différentes images attribuées au pinceau de notre évangéliste sont toutes d'assez petite dimension (1) ; qu'elles sont peintes sur du bois tendre et qu'elles sont de style byzantin, comme il nous apparaît jusqu'au onzième ou jusqu'au douzième siècle, c'est-à-dire d'une école qui ne s'occupait pas encore de la plastique ; elle ne devait renaître qu'au quatorzième siècle, avec l'école de Cimabue et avec celle du Giotto.

La légende fait aussi de saint Luc un statuaire ; elle le fait toujours, et exclusivement, exercer son talent de peintre et de sculpteur à produire des images de la Vierge. La plus ancienne peut-être, la plus révérée des statues de Marie, est celle qu'on voit encore aujourd'hui en Morée, dans le célèbre couvent de Mégaspiléon, près du golfe de Lépante. Cette image, modelée en terre, en cire ou en mastic, et qui est de la plus haute antiquité chrétienne, passe pour être l'ouvrage de saint Luc ; elle est d'une

(1) Il entrait dans le système des architectures romane ou gothique de ne placer que de très-petits ornements sur les grands monuments de ces deux époques. Le peintres d'alors comprenaient sans doute aussi que leurs ouvrages ne pouvaient être, dans ces immenses édifices, qu'une simple récréation pour les yeux ; et que des tableaux de petites dimensions ne pouvaient intéresser que faiblement en présence des grandioses proportions de l'architecture. Il faut observer aussi que les peintres ont successivement proportionné la grandeur de leurs ouvrages aux progrès qu'ils faisaient dans l'entente de la perspective. Elle n'en avait fait que de très-limités pendant les six siècles qui ont précédé le seizième, mais ses lois se perfectionnèrent rapidement avec la peinture murale, dont l'usage se développa à partir du seizième siècle. Ce fut alors que le système d'architecture se modifia, et que les temples du seizième et du dix-septième siècle purent s'embellir de fresques à raison desquelles les peintres de ces deux époques se partagèrent justement une gloire que les architectes avaient auparavant seuls recueillie.

BIBLIOTHÈQUE D'AIX

2

facture qui ne permet pas de la compter au nombre des ouvrages du premier siècle.

Il existe dans le *sacratissimo sacello* de l'église de Notre-Dame de Lorette, une statue de bois de cèdre (1), haute d'environ un mètre trente centimètres, qui représente la Vierge debout, portant son fils dans ses bras. Elle passe aussi pour être l'œuvre de saint Luc. On la connaît à cette place depuis 1291, et sans doute elle était déjà ancienne quand on l'y a déposée. La raideur de sa pose, sa figure à regard fixe et toute de face, doivent éloigner la pensée qu'elle soit d'une époque où la statuaire ait été en grand honneur.

Les artistes qui ont produit ces deux très-anciens ouvrages, sont loin d'avoir approché du talent de l'auteur de la statue de *Saint Hippolyte,* qui date du commencement du troisième siècle, et qui passe à bon droit pour la plus ancienne dont le christianisme puisse se glorifier.

Quelques passages des anciens historiens grecs appuient la légende, qui est aussi confirmée par le ménologe de l'empereur Basile et par Nicéphore. L'historien Théodore, du commencement du sixième siècle, assure qu'on envoya de Jérusalem à l'impératrice Pulchérie un portrait de la sainte Vierge, peint par saint Luc, et que cette princesse en fit hommage à l'église qu'elle venait de faire bâtir à Constantinople.

Il y a donc de suffisantes raisons pour croire que saint Luc a pu

(1) En 1797, cette précieuse statue avait été cédée au gouvernement français. Elle fut placée, comme objet d'archéologie chrétienne, dans l'une des salles de la bibliothèque nationale. Le premier consul la remit, quatre ans après, au pape Pie VII qui la rendit à l'église de Notre-Dame de Lorette.

cultiver les arts libéraux ; et je ne vois pas la possibilité d'admettre l'opinion contraire. Je vais toutefois essayer de démontrer que les œuvres qu'on lui attribue sont bien postérieures au siècle dans lequel il vivait.

Saint Luc est né à Antioche, où il a écrit son évangile, vers le milieu du premier siècle de notre ère. Saint Paul et saint Jérome nous apprennent qu'il était médecin. Antioche, cette Athènes de l'Asie, était alors célèbre dans l'Orient par les lettres et les beaux-arts. Saint Luc avait voyagé en Égypte, en Grèce, en Italie. Son éducation, commencée à Antioche, a dû se perfectionner pendant les séjours qu'il a faits dans les contrées éclairées qu'il a parcourues. C'était donc un homme d'une grande instruction ; et rien n'empêche de croire qu'il a pu savoir peindre et connaître la statuaire. Mais si saint Luc a été peintre ou statuaire, lui qui a vécu sous Tibère, sous Claude et sous Néron, règnes féconds en grands artistes, siècle qui a produit l'*Apollon du Belvédère,* et qui a vu le statuaire Lysippe, si, dis-je, saint Luc a été artiste, à coup sûr il n'a pu produire les ouvrages de mauvais dessin, de mauvais style et de mauvais goût, que la légende lui attribue. Les madones, soit peintes, soit sculptées, dont cette légende le fait auteur, accusent l'époque dégénérée des Grecs du Bas-Empire, époque qui commence vers le septième siècle, pour ne finir qu'au douzième. Certes, dans le premier siècle du christianisme, personne n'aurait prévu que les arts pourraient sitôt ainsi déchoir, et s'il est admis que saint Luc a été artiste (1), il n'a pu l'être qu'aux leçons de l'école gréco-romaine d'un des plus beaux siècles de l'antiquité.

Il ne suit pas de ce qui vient d'être avancé que saint Luc dût être

(1) Le Manni, Baldinucci, Crespi dell'Aquila etc., ont adopté, sans la discuter

un artiste distingué ; on ne peut exceller dans tous les arts ; mais il
en résulte invinciblement que ses défauts ne peuvent pas être ceux
de l'époque appelée *byzantine*, qui n'a pris naissance que plusieurs
siècles après lui. Il en serait le créateur si l'on pouvait jamais
soutenir l'opinion qu'il soit l'auteur des ouvrages si étrangers aux
formes qu'on lui attribue. Ce genre sec et guindé aurait donc dormi
cinq siècles, hermétiquement enfermé dans le style des madones
du Bas-Empire, pour la production desquelles un savant de l'ordre
de saint Luc se serait inspiré aux écoles de Nicias, de Philocharès,
ou d'Alexandre (1)! Cette anomalie n'est pas soutenable. Saint
Luc, qui vivait à Antioche, si célèbre par ses temples consacrés à
Vénus, n'avait pu voir dans ces temples, peintes ou sculptées, que
des images gracieuses, dérivant du style grec dans toute son
élégante pureté. A coup sûr, ces images n'auraient pas été pour lui
les modèles des madones de style anguleux, étroit et sans couleur,

aucunement, l'opinion que saint Luc a pu être peintre. Les deux premiers vont même
jusqu'à prétendre qu'il peut très-bien exister encore des peintures de cet évangéliste,
mais ils ne les citent pas.

M. Ziegler paraît avoir adopté cette croyance ; puisqu'il a, dans son beau tableau
qui fait partie de la collection du Palais-Royal, représenté saint Luc peignant la Sainte-
Vierge portant son fils dans ses bras.

(1) Je sais très-bien que Pline reconnaît qu'au règne de Tibère commence la déca-
dence de la peinture, mais il faut aussi reconnaître quelle distance immense sépare le
style byzantin de celui de l'époque de Tibère. Celle-ci ne diffère du style du siècle
d'Auguste que par des nuances assez difficiles à saisir. Sous Auguste, et même un
siècle avant lui, les peintres et sculpteurs de Rome étaient presque tous Grecs et libres;
sous Tibère beaucoup étaient Italiens et affranchis ou esclaves. On peut juger de la
différence de ces deux époques si rapprochées en étudiant les statues et les pierres
gravées qu'elles ont produites, et qui font encore l'honneur de nos musées. Les
artistes grecs les ont presque toujours signées de leurs noms, tandis que les artistes
italiens qui sont venus plus tard, et qui appartenaient à un maître, ou qui étaient
sous la dépendance d'un patron, se bornaient, le plus ordinairement, à placer au bas
de leurs ouvrages le nom du personnage pour lequel ils les avaient exécutés.

dont on le fait mal-à-propos l'auteur. Et d'ailleurs, l'esprit de prosélytisme du christianisme ne lui aurait pas permis de présenter aux populations païennes, pour les substituer à la représentation de leurs poétiques divinités, des images qui leur auraient paru trop repoussantes, si elles avaient été ce que sont les madones byzantines, si faussement attribuées au savant évangéliste.

D'ailleurs, ces tableaux, qui ne devaient être que des peintures à la détrempe, exécutées sur un enduit de chaux ou de plâtre, auront dû disparaître, comme les autres peintures de cette époque ont elles-mêmes disparu. Celles qui auraient pu exister encore au septième siècle ont dû être reproduites dans le mauvais style de ce septième siècle, ou bien dans le style des siècles de barbarie et d'ignorance qui l'ont suivi.

Ces peintures, ainsi reproduites, auront pris, après la destruction des originaux, le nom de l'artiste d'après lequel elles auront été copiées. Par la tradition orale, si sujette à erreur, ces méprises seront arrivées jusqu'au dixième siècle, époque après laquelle un *Luca*, peintre de Florence, qui eut le nom de *santo*, à cause de ses vertus chrétiennes, et sans doute aussi parce qu'il avait imité ou copié les ouvrages attribués à saint Luc; un Luca (1), dis-je, composa un grand nombre de tableaux de la Vierge Marie, qu'une dévotion peu éclairée, l'absence de renseignements écrits, la confusion inséparable de ces temps de troubles civils et religieux,

(1) Aucun des historiens que nous avons cités d'autre part, à la note 1, n'a montré le moindre doute sur l'existence de Luca-Santo. Elle n'est contestée, que je sache, par aucun de ses compatriotes, ni par un seul des savants italiens qui ont écrit sérieusement sur la vie et les ouvrages des anciens artistes de leur pays.

ont fait regarder, à plusieurs siècles de distance, comme l'ouvrage de notre évangéliste.

Les peintures du dixième et du onzième siècle étaient sans doute devenues fort rares en Italie au commencement du quinzième siècle; et ce sera, comme nous venons de l'exprimer, l'une de ces rares et précieuses images qui aura servi de modèle à la madone de notre cathédrale. On va voir que cette opinion est bien près de la vérité.

Il n'entre guère dans le cadre de ce travail de discuter le fait des migrations successives de la maison de la Sainte Vierge, depuis Nazareth jusque sur le territoire de Lorette, dans la Marche d'Ancône; cependant, nous nous croyons obligés, pour faciliter nos recherches, de nous y arrêter quelques instants. Ces quatre voyages eurent lieu, dit la légende, vers la fin du treizième siècle, c'est-à-dire trois ans après l'expulsion des chrétiens de la Syrie. Les peintures qui revêtent l'intérieur de la Santa-Casa, et dont il existe encore de précieux vestiges, paraissent, par leur style, dater d'une époque antérieure à ce siècle. On voit, sur les quatre murailles, sept (1) représentations de la Vierge, soit assise, soit debout, ayant entre elles une grande ressemblance, et toujours portant l'Enfant Jésus dans les bras. Le fait même de l'existence de ces peintures prouverait déjà qu'elles sont postérieures au

---

(1) On se rappelle l'inscription *Una ex septem a Lucá depictis*. (Vid. page 16.) N'est-il pas remarquable que le nombre des figures de Marie qu'on voit peintes sur les murs de la Santa-Casa soit précisément le même que celui des portraits attribués à saint Luc! Ne pourrait on pas croire que la sainte image de Sainte-Marie-Majeure est la plus ancienne des copies de l'une des sept figures de la Vierge dont nous venons de parler? La plus importante reconstruction de cette église célèbre date aussi de la fin du treizième siècle. Elle est donc contemporaine du voyage de la maison de la Sainte Vierge en

neuvième siècle ; nous chercherons à le démontrer à la page 29 de ce mémoire. Il est donc rationnel de penser que ces peintures sont d'une époque rapprochée de celle de Luca-Santo, qui sont elles-mêmes dérivées du style byzantin.

Au côté du midi des parois de la Santa-Casa, à droite de la porte du sanctuaire, se voit une madone qui ressemble plus parti-culièrement que les six autres à la Notre-Dame de Grâce de Cambrai. On pourra s'en convaincre par l'examen du dessin que j'en donne à la fin de cet essai et que j'ai pris sur une eau-forte du dix-septième siècle. Elle retrace fidèlement ce qui restait alors de peintures aux murailles de briques de la Santa-Casa (1). Je pense qu'on peut très bien en induire que c'est cette même madone de la Gloriosa-Cella, quelque peu modifiée, afin de pouvoir être placée isolément dans une bordure, qu'on aura copiée pour quelques églises de Rome, où des miracles se seraient opérés par son intercession. Tout, dans l'histoire de Cambrai, porte à croire que Fursy de Bruile, né sujet du duc de Bourgogne, a fait, en 1439 ou 1440, le voyage d'Italie comme envoyé de Philippe-le-Bon. Il aura été choisi par ce prince pour aller à Rome y accélérer l'octroi des

Italie. Boniface VIII, sous le pontificat duquel elle arriva à Récanati, puis ensuite à Lorette, aura voulu orner sa basilique de l'une des figures de ce mystérieux habitacle que les premiers croisés avaient orné de peintures du style byzantin qui dominait au douzième. Après deux siècles de guerres et de révolutions, ces peintures, peut-être inspirées par le souvenir des travaux de saint Luc, auront été considérées comme l'œuvre de saint Luc lui-même, ainsi qu'il était arrivé aux peintures de Luca-Santo.

(1) Aujourd'hui ces peintures ne sont pas encore restaurées. Il manque plus de la moitié de l'enduit de plâtre recouvert de peintures qui revêtait les briques inégales des murs de la chambre de la Vierge. On ne rétablit pas, mais on se borne à empêcher de nouvelles dégradations, et à conserver ce qui reste.

dispenses nécessaires à l'ordination si exceptionnelle de Jean VII, son frère, bâtard de Bourgogne, le nouvel évêque; l'expédition régulière de ces dispenses se trouvait sans doute retardée par les embarras du schisme qui affligeait alors la chrétienté. La position élevée du chanoine dans l'église de Cambrai, son mérite personnel, le motif de son voyage, lui auront facilité la permission et les moyens de se procurer la représentation d'une madone, dont le type hiératique, attribué à saint Luc, se trouvait conservé dans le trésor d'une église déjà en grande célébrité.

L'église de Notre-Dame de Lorette, que la piété crédule des chrétiens du treizième siècle supposait avoir été, par les anges, enrichie de l'humble habitation de la Vierge Marie, ne devait, très-probablement, cette précieuse relique qu'au retour tout récent des Croisés, que les infidèles venaient de chasser de la Terre-Sainte. Déjà ils avaient pu envoyer en Europe la vraie croix, la couronne d'épines, les clous et l'éponge de la passion du Sauveur; ils avaient aussi retrouvé la crèche de Jésus enfant. Ils furent heureux de compléter ces pieux restes du berceau du christianisme par la possession de la modeste demeure de la Vierge, que Dieu avait choisie pour être la mère de son fils. Ils l'arrachèrent donc aux environs de Jérusalem pour la rapprocher de Rome, qui grandissait chaque jour en importance dans l'esprit des nations. Un excès de religieuse simplicité fit bientôt croire que les anges avaient, de leurs mains, apporté en Italie ces saintes dépouilles de la Palestine, quand les anges s'étaient sans doute bornés à protéger leur transport et leur conservation. Une fois les lieux saints repris aux chrétiens, ceux-ci cherchèrent à adoucir la douleur de leur défaite par la possession de trophées vénérables qui restaient leur unique récompense après tant de glorieux travaux.

Il existe, dans la cathédrale de Messine, une image très-ancienne et de style grec de la Vierge Marie, qu'on appelle *Madone de la Lettre*, et qu'on prétend être peinte à l'huile. L'étude du système de peinture de cette madone célèbre, qui peut être aussi attribuée à saint Luc, aura fait travailler l'esprit investigateur du peintre Antonello, dont nous avons parlé aux premières pages de cet essai ; elle l'aura, sans nul doute, déterminé à entreprendre le voyage de Flandre, pour chercher à connaître le procédé de Jean de Bruges. En revenant de Flandre à Messine, où il a séjourné quelques mois, il aura de nouveau étudié la *Madone de la Lettre*, et l'aura reproduite, en appliquant à sa peinture la nouvelle méthode que Jean de Bruges lui avait enseignée. Il n'y a qu'un pas de cette dernière étude aux copies du tableau des murs de la Santa-Casa, où l'on a vu précédemment que plusieurs de ses disciples avaient été employés, où l'on peut admettre aussi que l'un d'eux aura pu exécuter notre madone. Toujours est-il qu'Antonello, s'étant rendu de Messine à Venise, puis enfin à Rome, où il vint tenir école, a pu faire reproduire la sainte image par un de ses élèves (1), soit au vu de l'original, soit au vu de sa copie, déjà en vénération à Sainte-Marie-Majeure. Cette nouvelle image aura été

(1) Bien qu'Antonello n'eût été qu'un peintre d'un mérite assez secondaire, et qu'il ne dût sa juste célébrité qu'à ses travaux heureux pour introduire et propager la peinture à l'huile en Italie, il n'y aurait pas l'ombre de probabilité d'admettre que lui-même fût l'auteur de la madone de Cambrai. C'est un ouvrage d'un trop mauvais dessin et d'une trop mauvaise couleur pour pouvoir être attribué à un maître qui s'était toujours montré admirateur de l'antique à la fameuse école du Solario, et

livrée au cardinal, qui peut en avoir fait hommage à Fursy de Bruile, si notre chanoine ne l'a pas lui-même commandée et payée de ses propres deniers. Cet ecclésiastique éclairé (il était docteur ès-lois), aura voulu, ainsi que je l'ai dit plus haut, porter en Flandre la représentation d'une image à laquelle étaient attribués de nombreux miracles. Il se sera trouvé heureux de la voir reproduite par un procédé nouveau encore en Italie, procédé qui pouvait attester la gloire dont jouissait à Rome le peintre flamand son compatriote, qu'on en croyait l'inventeur.

Aucun monument, soit peint, soit sculpté, soit moulé, soit seulement décrit, ne permet d'affirmer qu'avant le cinquième siècle il ait existé des images de la Vierge tenant l'Enfant-Jésus dans ses bras. Avant cette époque les images de la Vierge la représentaient seule, les mains jointes, la tête nimbée et les yeux levés vers le ciel, avec l'expression de la douleur et de la résignation (1). L'Eglise universelle ne s'était pas encore explicitement prononcée

qui avait appris la couleur à l'école de Van Eyck. Il n'était certes pas nécessaire d'avoir un grand talent pour copier une pareille peinture ; ce qu'il fallait, avant tout, c'était produire une copie servile, afin que les fidèles, en priant devant elle, eussent les mêmes pensées de dévotion que les traits de l'original leur avaient déjà inspirées. Un élève, et même un élève d'un ordre inférieur à celui que tenait Dominico dans les arts, a dû suffire à ce travail tout-à-fait sans importance.

(1) Il existe encore au musée du Vatican et dans les catacombes de Rome des représentations de la Vierge Marie en demi-figures. Elle remontent à la plus haute comme à la plus respectable antiquité chrétienne. Aucune de ces représentations ne la montre portant l'enfant Jésus dans les bras. Plusieurs de ces portraits ont sur verre, sur ciment ou sur pierre. La plupart d'entre eux sont rapportés dans le savant ouvrage de Bottari. Ces images, qui passent, avec assez de probabilité, pour des portraits qu'une tradition encore toute contemporaine donnait comme fidèles ; ces images, dis-je, ont toutes entre elles une grande conformité, mais aucune ne ressemble même de la manière la plus éloignée, soit comme dessin, soit comme formes, soit

sur les qualifications à donner à la Vierge, mais depuis les conciles d'Ephèse et de Chalcédoine, la Vierge Marie fut pleinement reconnue comme mère de Dieu ; et les artistes ne craignirent plus de la représenter tenant Jésus dans ses bras.

Saint Luc a pu, et rien n'empêche de l'admettre, saint Luc a pu lui-même représenter la Vierge portant son fils, puisque les hérésies de Nestorius et d'Eutichès n'avaient pas encore été avancées de son temps. Il serait donc permis de croire que le développement de leurs hérésies, si violemment soutenues par les sectaires, aura fait détruire, vers le milieu du cinquième siècle, les images qui représentaient la Vierge avec l'Enfant-Jésus dans ses bras. Le souvenir de ces images sera revenu à la mémoire des fidèles après la déclaration formelle des deux conciles ; les artistes se seront empressés d'obéir aux croyances orthodoxes ; et depuis la Vierge n'a été que rarement représentée séparée de son divin Fils.

Au commencement du huitième siècle, le fanatisme des Icono—

comme pose, soit comme style, aux madones si injurieusement imputées à saint Luc.

Il n'y a qu'une seule autorité considérable à opposer à l'opinion que le véritable portrait de Marie ait été transmis jusqu'à nous ; c'est un passage de Saint-Augustin qui dit : « *Neque enim novimus faciem Virginis Mariæ.* » Mais c'est l'opinion d'un seul, et encore ne prouve-t-elle rien contre celle que saint Luc ait pu être peintre, et qu'il ait exercé son talent à représenter la Vierge soit en peintures, soit en statues. Au reste Saint-Augustin se trouve en opposition avec l'historien Théodore, son contemporain, qui rapporte le fait du portrait de la Vierge offert à l'impératrice Pulchérie. Cette opposition n'a rien qui doive étonner si l'on veut bien remarquer que saint Augustin n'entendait, sans doute, parler que des églises d'Afrique et d'Occident, qui pouvaient bien ne pas avoir de portraits de Marie, tandis que Théodore rapporte un fait de l'histoire d'Orient que saint Augustin pouvait très-bien ignorer ou n'avait pas présent à la mémoire.

D'un autre côté, le pape saint Sylvestre, en racontant quelques circonstances d'un songe de Constantin-le-Grand, en vient à rapporter que ce prince avait orné son palais des portraits de saint Pierre et de saint Paul. A coup sûr, il les avait fait précéder de ceux du Christ et de Marie ; et, pour avoir ces quatre portraits le plus

clastes et les violences du mahométisme, iconoclaste lui-même, ont dû faire disparaître des églises de la Grèce un grand nombre de tableaux, parmi lesquels se trouvèrent les images attribuées à saint Luc, ou plutôt leurs copies. Il a donc fallu, quand Irène, dans le huitième siècle, obéissant au deuxième concile de Nicée, et quand Basile, un siècle plus tard, eurent rétabli dans l'empire le culte des images, il a fallu, dis-je, refaire celles devenues indispensables à la profession d'un culte qui permettait, qui ordonnait de les honorer. C'est à cette époque qu'on voit fleurir Luca-Santo. Il ne fit que des tableaux religieux, soit qu'il fût guidé par la tradition orale, soit qu'il imitât des originaux du cinquième ou du sixième siècle longtemps tenus cachés et qui n'avaient pu reparaître avant le règne de Basile.

Luca-Santo, on l'a vu aux pages précédentes, s'il n'a pas été lui-même créateur, n'a pu copier que des images du sixième siècle, ou bien des peintures de trois siècles postérieures au sixième. Le style de ces époques et de celle de Luca-Santo n'a pu être que le style byzantin dans ses différentes et presque insensibles périodes. Ce style dégradé ne peut avoir aucun rapport avec celui du siècle d'Auguste, siècle qui brillait encore d'un grand éclat sous le règne

---

ressemblants possible, il avait assurément interrogé la tradition, et consulté les monuments chrétiens conservés dans l'empire depuis les premiers temps du christianisme. Entre saint Sylvestre et saint Augustin il n'y a pas un demi-siècle ; et ce dernier, en écrivant la phrase que nous avons citée, n'entendait émettre très-certainement, nous venons de le dire, qu'une assertion toute personnelle, et qui n'infirme pas la présomption de l'existence d'images qui auraient conservé, jusqu'au quatrième siècle, les traits de la mère du Sauveur.

Je ne voudrais pas trop m'appuyer sur le témoignage de Nicéphore-Calliste, historien du quatorzième siècle, qui, dans son Synuxoire, donne de la Vierge Marie un portrait tel qu'on croirait qu'elle a posé devant lui. La science critique a fait depuis long-temps justice des exagérations, des fables de ce propagateur de légendes.

de Tibère, époque à laquelle Saint Luc florissait, et ce savant évangéliste l'aurait nécessairement, avec plus ou moins de succès, pratiqué dans ses peintures.

S'il n'y a pas possibilité d'admettre que Saint Luc soit l'auteur des images de style byzantin qui usurpent son nom dans quelques églises de la Grèce, de l'Italie ou de la France, comment pourrait-on nier qu'il ait pu être peintre et statuaire ? Quelques fragments d'anciens historiens grecs, la tradition, la légende, se réunissent pour l'affirmer, et la négation positive ne peut s'appuyer sur rien que je connaisse. Cette opinion, d'ailleurs, a été adoptée par des savants modernes de premier ordre, et de nos jours, MM. Visconti et de Clarac l'ont partagée. Les confréries de peintres et de sculpteurs, quand elles prirent des patrons au commencement du quinzième siècle, ont donc à bon droit choisi Saint Luc pour leur protecteur; elles devaient marcher sous la bannière du plus ancien peintre chrétien.

Il faut reconnaître maintenant que, selon les différentes époques qui les ont produits, le type de la figure de la Vierge, sa forme hiératique, ont subi des vicissitudes assez tranchées (1). Nous en

(1) Remarquons ici avec l'auteur du *Tableau des Catacombes*, que pendant ces différentes périodes, mais principalement pendant la deuxième (du cinquième au treizième siècle), une pensée théocratique avait enchaîné l'art, l'avait astreint à des formes serviles, superstitieuses, qui le rendirent long-temps stationnaire, et que l'art, tout dégénéré, tout dégradé qu'il se montrait dans ces temps de barbarie, était lui-même, en quelque sorte, devenu une religion. C'est qu'il est toujours arrivé dans les religions sacerdotales, que l'immutabilité du dogme s'est reflétée sur les objets matériels servant au culte, et que, par une application forcée de la loi d'immutabilité, la forme hiératique de ces objets est devenue immuable comme le dogme lui-même.

La même remarque s'est faite à propos des peuples de l'ancienne Égypte, et des mentionnerons trois principales. Avant le cinquième siècle, elle avait été le plus souvent représentée seule et debout ; depuis, et jusqu'au treizième siècle, on l'a représentée presque toujours en demi-figure et sous le type de la Vierge–Mère. Le treizième siècle lui décerna le titre solennel de *Reine du Ciel* et la montra portant la couronne et le manteau impérial. Ces deux attributs imprimèrent à son image un caractère de raideur qu'elle ne perdit pas avec la doctrine de l'*Immaculée conception*, accréditée en Italie et en Espagne vers le quinzième siècle (1), et qui fit peindre la Vierge debout et foulant aux pieds le serpent auteur du péché originel, dont elle n'avait pas porté la souillure. Les grands peintres, tels que Léonard de Vinci, Raphaël d'Urbin (2), André del Sarte, et

peuples de l'Orient qui ont été soumis à des religions sacerdotales. Il a fallu l'invasion des conquérants chez les derniers, et le développement, l'accomplissement de la civilisation chez les peuples chrétiens, pour qu'il fût possible de modifier chez les uns et chez les autres la forme des objets extérieurs de leurs cultes.

(1) Une discussion violente engagée en 1478 au sujet de l'immaculée conception de Marie, entre Don Juan de Vera et un Abencerrage, fut une des principales causes du renouvellement de la guerre entre les Maures et les Espagnols, guerre qui se termina douze ans après par l'expulsion des Maures de l'Andalousie.

Dès le seizième siècle, l'ancienne Sorbonne ne permit pas de mettre en doute l'immaculée conception, et l'académie de Rouen avait été fondée, dans le dix-septième siècle, sous la bannière de la Vierge immaculée, que chaque nouvel admis devait glorifier dans son discours de réception,

(2) Raphaël, dans son admirable tableau de la madone dite *di Santo sisto*, a bien représenté la Vierge debout sur la boule du monde, mais il n'a pas admis l'idée du serpent foulé aux pieds. Il n'a pas, non plus, voulu la montrer sans l'enfant Dieu qu'elle tient dans ses bras, et recevant l'adoration des anges et des saints qui l'entourent. Il est même à remarquer que sa madone est posée sur une calotte sphérique dont la projection verticale équivaudrait à peine à un sixième de la circonférence, et que le sommet du globe sur lequel elle est debout se trouve habilement dissimulé par des nuages qui viennent compléter une sorte de plate-forme. On voit qu'un pareil piédestal ne lui souriait pas.

d'autres encore, se sont assez rarement prêtés à peindre cette pose trop peu gracieuse et qui dépouillait la Vierge du caractère de jeune mère, si heureux à traiter en peinture. Les ouvrages de ces grands maîtres étaient plutôt placés dans les musées, dans les palais, que dans les temples, où de préférence on ne recevait que des images de Marie debout sur la boule du monde.

Aujourd'hui, malgré le concile de Trente, qui a défendu de traiter, de discuter la question de l'Immaculée conception de Marie, ce point de croyance, *sine labe concepta*, jusqu'à présent tout facultatif, tend à passer à l'état de certitude, à l'état de dogme. Les images récentes de la Vierge la représentent trop souvent seule, debout sur le globe qu'elle éclaire et qu'elle réchauffe par une multitude de rayons partant de son front et de ses mains. Ce nouveau caractère, il faut le reconnaître, n'est pas une conquête pour l'art, et les artistes qui s'y conformeront pourraient bien n'y pas recueillir la grande renommée que quelques-uns de leurs devanciers ont si justement acquise, en présentant Marie dans l'attitude qui nous la désigne comme la patronne de toutes les mères. Ainsi, la deuxième, la plus longue vicissitude par laquelle soit passé le type de l'image de la Vierge est, sans contredit, la plus digne, la plus favorable au culte de Marie. La majorité peu éclairée des fidèles comprend toujours, sans efforts d'imagination, l'enfant Dieu reposant sur le sein de sa mère, tandis qu'elle ne comprendra que difficilement le mysticisme caché sous l'image d'une femme écrasant un reptile et lançant des éclairs; elle pourrait bien prendre cette femme dominant l'univers pour une nouvelle personnification de la divinité et lui rendre des hommages qui ne sont dus qu'au Créateur. Notre imprudente tendance à matérialiser les qualités morales des plus grands Saints, a été souvent le prétexte d'accusations d'idolâtrie intentées au culte catholique par plusieurs hérésiarques anciens et modernes. Ce triste résultat devrait être pour nous une raison de nous tenir dans une réserve qui ôterait tout motif de critique aux ennemis de l'Eglise romaine, mais on laisse trop souvent la mode, la passion, régler l'accomplissement des devoirs les plus saints, et la vraie religion ne porte que trop souvent aussi la peine bien imméritée de notre imprudence à cet égard.

Il est temps de quitter une digression qui nous a semblé indispensable et de revenir à notre principal sujet, l'image de Notre-Dame de Grâce, de la cathédrale de Cambrai. Elle présente dans le fond doré, et peints en rouge-vermillon, quatre monogrammes, dont l'un, $\overline{\mathcal{M}\,\mathrm{R}}$ celui de Marie, se trouve seul à la droite de la tête de la madone ; les trois autres, $\overline{\mathrm{JOI}}$ celui de Joseph, $\overline{\mathrm{Ih}S}$ celui de Jésus, $\overline{\mathrm{X}\,\mathrm{RS}}$ celui du Christ, placés les uns sous les autres, sont écrits à la gauche de la même tête. Ces chiffres, par leur forme, sont bien une preuve sans réplique que l'original du tableau de notre madone, et plus encore la copie elle-même, ne sont pas, ne peuvent être antérieurs au dixième siècle. Ils prouvent aussi que les madones de Luca-Santo n'ont pu être copiées par cet artiste sur un original qu'on aurait conservé de saint Luc. Depuis le premier jusqu'au huitième siècle de notre ère, on s'est servi, dans l'Occident, des caractères romains nommés *lettres onciales*, tandis qu'on employait, dans l'empire d'Orient, les caractères du grec pur. L'écriture qu'on aperçoit sur le fond de l'image de notre

madone est en caractères gréco-romains du temps des Comnènes,
ainsi qu'on peut s'en convaincre en les comparant aux monnaies
très-communes de ces princes ; on peut aussi connaître quelles
lettres servaient, dans l'Occident, à l'écriture des premiers siècles
de notre ère en consultant, à la bibliothèque de Cambrai, le
précieux manuscrit de Grégoire de Tours, qui doit avoir été copié
dans le septième siècle.

D'anciennes croyances populaires attribuent un grand nombre de
miracles (1) à l'image de la madone de la cathédrale de Cambrai.
Elle est invoquée dans les moments difficiles où se trouvent la ville
et les habitants. Pendant les sièges de 1649, de 1657 et de 1676,
mais plus particulièrement pendant le premier et le dernier de ces
trois sièges, elle a été l'objet de dévotions spéciales, et à ces
différentes époques on a fait frapper des médailles, dont quelques-
unes portent la date des sièges à l'occasion desquels elle a été
invoquée. On en conserve, dans les collections, dix octogones, à
bélières, en argent, en cuivre ou en étain, de différents modules
et de différents coins. Toutes ont été coulées ou frappées dans le
dix-septième et dans le dix-huitième siècle ; on n'en connait pas
qui portent une date plus ancienne, et il est à remarquer que les
sièges célèbres de 1581, de 1595, et ceux antérieurs, n'ont pas
donné lieu à l'émission de médailles spéciales en l'honneur de la
sainte image. Peut-être que sa renommée aura eu besoin, pour
grandir dans l'esprit et dans la confiance des populations, que

(1) On peut lire dans le manuscrit de Julien de Ligne, à la bibliothèque de
Cambrai, N.° 658, le recueil des miracles dus à l'intercession de Notre-Dame
de Grâce.

3

quelques siècles séparassent le moment de sa modeste entrée dans la métropole, de celui où de grands honneurs publics lui furent décernés.

Il est important de constater ici que ce fut un roi de France qui lui rendit le premier (1) le plus éclatant hommage dont la chronique de la métropole ait gardé la mémoire. Le roi Louis XI, délivré de sa prison de Péronne, et se rendant devant Liège avec Charles de Bourgogne, passa par Cambrai, en 1468 ; il y promit une riche couronne à la chapelle de la Sainte-Trinité, où reposait la Sainte image, à laquelle il demanda protection. Cette dévotion d'un roi de France aura sans doute beaucoup contribué à augmenter la célébrité de cette madone, qui n'appartenait alors à la métropole que depuis vingt-six ans.

Certains chroniqueurs donnent un autre motif au présent que fit le roi Louis XI à la chapelle de la Trinité de la métropole de Cambrai, où se voyait la Sainte image. Cette offrande aurait été vouée, selon eux, en 1478, quand ce roi eut échoué dans ses prétentions avancées, à la mort de Charles-le-Téméraire, de réunir le duché de Bourgogne à la France. Il s'était d'abord saisi de Cambrai, qu'il avait fait garder par un de ses plus énergiques officiers, le capitaine Maraffin, qui imposa de dures contributions à la ville. Louis n'aurait, à les en croire, offert la couronne à la

---

(1) Au mois d'août 1457, c'est-à-dire cinq ans après que la Sainte Image eût été placée dans la chapelle de la Trinité de la métropole, elle fut montrée, dit un abbé de Saint-Aubert, à Philippe-le-Bon, duc de Bourgogne. On ne raconte pas qu'elle reçut de ce prince d'autre hommage qu'une visite de curiosité. — « Il alla veyr et saluer » l'ymage de N. D. qui fut faicte de la main de M. S. Luc, comme on croit. »

Vierge que comme restitution d'une partie de l'inique tribut imposé à Cambrai, sur lequel il n'avait aucun droit.

On peut, à bon droit, douter que Louis XI eût eu la conscience aussi facile à alarmer, et qu'ayant eu l'envie de s'emparer, certes bien injustement, de tout le duché, il se fût fait un scrupule de garder pour lui une contribution de guerre imposée à l'une des villes voisines de ce duché, dont il s'était, pour un moment, rendu maître. Ce remords ne lui serait donc venu qu'après la non-réussite de ses projets. Cette version n'est pas probable (1).

N'est-il pas plus rationnel d'admettre que le vœu de cet hommage fut fait, en 1468, par le roi, pour se rendre la Vierge propice au moment d'un voyage auquel il était contraint? Ce voyage n'était pas sans danger pour lui, tant à cause des hasards que la guerre allait lui faire courir, que par les craintes d'une nouvelle détention, que le caprice de son beau-cousin de Bourgogne pouvait lui faire subir si l'expédition contre les Liégeois eût échouée. On sait d'ailleurs que le roi ne fut vraiment libre qu'après la réduction de Liège.

Louis, en entrant dans le Cambrésis, dont il avait voulu s'emparer, se sera souvenu d'une promesse faite et oubliée depuis dix ans, et pour se rendre favorable la patronne de Cambrai et ses habitants, il aura donné à la sainte image la couronne portant gravée autour d'elle la date de 1478 et le nom du roi qui en avait fait hommage (2).

(1) ».......Ne pouvant payer ses chefs, il les laissait voler; s'ils volaient trop, on » dit qu'il partageait. Il n'était pas difficile sur les moyens de faire de l'argent..... » (Michelet, histoire de France. — Louis XI. — Tom. VI.)

(2) L'historien de Louis XI, Philippe de Comines, ne dit pas un mot du motif de l'offrande faite par son héros à la madone de Cambrai.

Que ce fut en 1468 ou en 1478 que la couronne eût été vouée à la madone de Cambrai, le fait de l'hommage est constatant ; et de cet *ex-voto* royal date le commencement d'une célébrité qui devait deux siècles plus tard, paraître si éclatante.

Dans le quinzième et dans le seizième siècle, les sceaux de la métropole et ceux de son chapitre représentaient la Vierge en pied, soit assise, soit debout ; mais depuis le dix-septième ils ont été modifiés, et se sont souvent transformés en copies de notre sainte image, qui paraissait déjà, dès le seizième siècle, sur les jetons et sur les méréaux du chapitre de Cambrai. Jusqu'en 1792 le chapitre de la cathédrale l'a même placée dans ses armoiries au-dessus de celles de la ville de Cambrai (vid. page 59).

Il semblerait résulter de tout ce que nous venons d'exposer que la renommée de la Sainte image aurait été croissante en raison de l'intervalle de temps qui la séparait de son origine, et que du siège mémorable de 1649 date le moment de sa plus grande célébrité. Depuis cette époque le chapitre de la métropole, forcé de fléchir sous le poids de cette célébrité, aura cru devoir, autant qu'il lui était possible, chercher à éloigner la preuve d'une origine qui, bien que respectable, n'avait pourtant rien de saint ni de prestigieux, et l'occasion favorable s'en est présentée en 1743 (1). L'évidence d'une telle origine pouvait, dans l'esprit des populations, paraître en opposition avec l'éclat des miracles qu'elles croyaient devoir à la puissante intercession de l'image de Notre-Dame de Grâce.

(1) Le renouvellement du pavé de la chapelle de la Sainte Trinité aurait été, à cette époque, le prétexte de la disparition du tombeau de Fursy de Bruile, et de l'épitaphe qui le signalait comme donataire de la Sainte Image.

De simple sujet d'ornement qu'il était d'abord , ce petit tableau avait fini par paraître, aux yeux de quelques esprits peu éclairés, le principal objet du culte dans l'ancienne métropole de Cambrai. Il faut cependant reconnaître que cette usurpation n'était appuyée sur aucun titre emprunté à l'histoire sérieuse; partout où les écrivains, soit clercs, soit laïques, ont parlé de la tradition qui faisait saint Luc peintre de la madone de Cambrai, ils ont toujours ajouté : *piè credentes.... ut piè creditur.* Aucun n'a induit le peuple en erreur, et si le peuple a été trompé, il s'est trompé lui-même en prenant pour une certitude ce que tous les hommes savants et consciencieux lui ont toujours donné pour une pieuse fiction.

Un manuscrit anonyme du dix-septième siècle, qui porte le N.º 884 à la Bibliothèque de Cambrai, consacre quelques lignes seulement à la Notre-Dame de Grâce. Il rapporte qu'avant d'être au chanoine Fursy de Bruile , elle appartenait à un cardinal de Rome , lequel avait appris par un songe que sa madone devait être envoyée à Cambrai; ce serait à cause de cette vision qu'il la donna à notre chanoine. Mais il faut remarquer que ce manuscrit est postérieur à 1649 , et cette allégation du songe, qui n'a depuis été répétée sérieusement par personne , ne paraît dans aucun écrit antérieur au siège de 1649 , époque à laquelle la renommée de la sainte image était parvenue à son apogée.

Depuis plus de deux siècles la châsse de Notre-Dame de Grâce est devenue un palladium, un monument national pour le Cambrésis, dont les habitants se pressent chaque année, soit à la procession du 15 août, soit dans la cathédrale de Cambrai, pour adresser leurs prières et leurs hommages à la Vierge Marie, qu'ils regardent comme leur protectrice et qu'ils ont prise pour leur patronne. Son image célèbre a miraculeusement échappé aux dévastations des premières années de notre grande révolution, mais elle a dû subir un ostracisme de dix ans, après lesquels Monseigneur L. Belmas l'a rappelée à son ancienne splendeur. Je dois dire ici le nom du pieux citoyen qui nous l'a conservée.

Quand les vandales de 1793 détruisirent cette magnifique métropole de Cambrai, commencée vers le milieu du douzième siècle, et qui n'avait été complètement terminée qu'en 1472, ils en pillèrent le trésor et dispersèrent en quelques jours les saintes reliques (1) et

---

(1) J'ai été assez heureux pour retrouver la plus importante de ces reliques, celle qui figurait la première dans le trésor de la métropole : c'est un radius de Saint Christophe, auquel est soudée une inscription grecque du quatorzième siècle, repoussée sur une feuille d'argent qui lui sert d'authentique. Cette inscription est conçue en ces mots, qui forment deux lignes sur la plaque d'argent appliquée sur le radius :

Πολυποθητον τῇ πέτρα τελεῖς φορὸν,
Σον μαρτυρικον λείψανον, Χριςοφορέ.

Cette phrase se traduit littéralement par :

« Tu payes à la pierre le tribut tant regretté
« De ta relique de martyr, ô Christophe! »

Mais en tenant compte des ellipses que multiplie le génie de la langue grecque, on pourrait peut-être traduire ainsi plus élégamment :

« Tu payes, ô Christophe! au prix de la pierre du tombeau qui cause tant de regrets, les honneurs dus aux reliques de ton martyre. »

J'ai remis cette précieuse relique aux mains mêmes de Mgr. Pierre Giraud, archevêque de Cambrai, en avril 1842, et je lui ai donné par écrit tous les détails de la manière dont elle était arrivée en mes mains. J'offre de remettre à la Commission historique la copie de la lettre que j'ai adressée à ce sujet à Monseigneur.

les richesses des arts (1), qu'un clergé riche et puissant et quatre siècles y avaient accumulées. Un artisan, le sieur Pierre Durand, cacha la sainte image et parvint à la soustraire, peut-être au péril de sa vie, aux fureurs des terroristes, qui pendant un an avaient décimé la cité. A la fin de 1794, il la déposa dans la chapelle du couvent de Saint-Aubert, alors transformée en magasin, où elle

(1) Puisque l'occasion se présente de parler du trésor de notre ancienne métropole, je dirai quelques mots du célèbre ostensoir d'or qu'on y conservait en mémoire de Fénelon. Je n'ai pas du tout la prétention de faire de l'histoire : il n'est pourtant si peu qui ne lui vienne en aide, et quand ce peu provient d'une source respectable, on doit l'accueillir avec quelque intérêt.

Le 25 juillet 1839, Mgr. L. Belmas me disait..... « Il n'y avait pas encore trois mois » que j'étais arrivé à Cambrai quand une personne inconnue demanda à me parler en » particulier et confidentiellement. On la fit entrer dans mon cabinet, et là elle me » dit : — Je viens vous proposer d'acheter l'ostensoir d'or massif de l'ancienne mé- » tropole de Cambrai, qui le tenait de Fénelon. Il a été soustrait aux recherches des »´commissaires de la Convention quand elle eut décrété que les meubles des églises » devaient être portés aux districts et considérés comme propriété de la nation. Cet » ostensoir a été enterré dans une campagne voisine, et ce n'est que depuis votre » arrivée à Cambrai qu'on l'a déterré. Il pèse quinze marcs cinq onces; sa hauteur est » de vingt pouces; sa base a huit pouces de diamètre ; il se démonte en trois pièces ; » les ciselures sont bien conservées. Je vous l'offre pour douze mille francs, et je vous » donne pour le payer tout le temps que vous voudrez prendre.

» Je répondis que je ne pouvais lui acheter ce que je savais ne pas lui appartenir » légitimement ; que d'ailleurs je n'étais pas assez riche pour acquérir un meuble d'un » aussi haut prix....... Je n'en ai plus entendu parler : je pense qu'on l'aura fondu. » J'avais, toutefois, témoigné le désir de le voir; mais on n'y a pas consenti. J'aurais » dû demander quelques semaines de réflexion pendant lesquelles je pouvais écrire au » premier consul ; lui seul aurait levé la difficulté qui ne me permettait pas d'acheter. » Peut-être eût-il consenti à l'acquisition de cet ostensoir précieux qu'il aurait fait » conserver dans un musée en souvenir de Fénelon, pour lequel je lui connaissais une » grande vénération. J'ai souvent regretté cette occasion qui m'était offerte de sauver » du creuset un vase sacré, un objet d'art et d'histoire qui, depuis, a donné matière à » diverses suppositions plus ou moins vraisemblables dont il est maintenant impossible » de vérifier la justesse. »

resta jusqu'en 1802. Chaque année, depuis le 15 août 1803, qui la rendit à la vénération publique, chaque année (le 15 août 1830 excepté) a vu sortir au même jour la châsse de la madone, accompagnée de l'évêque, de son chapitre, de tout son clergé, et suivie des populations de la ville et des campagnes. Dans neuf ans, en 1852, reviendra le quatre-centième anniversaire de cette solennité, qui est aussi la fête de la ville de Cambrai. Il n'y a pas à douter que le clergé de la métropole et la municipalité ne rivalisent de zèle pour la célébrer dignement, et que le nom de Fursy de Bruile ne soit alors prononcé dans la chaire avec toute la reconnaissance qu'il a si légitimement méritée.

Je joins à ces recherches, malheureusement bien incomplètes, un dessin du tableau qui vient de m'occuper ; il est de la plus grande exactitude. Je donne aussi les dessins des sceaux de la métropole de Cambrai et de son chapitre avant et depuis le dix-septième siècle (1).

Je suis bien sûr d'intéresser messieurs les membres de la Commission historique du Nord en leur donnant ici communication d'une circonstance bien attachante de la vie de feu Monseigneur Louis Belmas, à la faveur de laquelle mon humble travail acquérera un relief que seul il n'aurait pu jamais obtenir. Cette relation, en quelque sorte écrite sous sa dictée, le 3 avril 1840, fait partie de nombreux documents que j'ai recueillis sur la vie de ce savant et vénérable évêque. J'espère bien pouvoir quelque jour les publier.

(1) Je ne donne pas ceux des médailles à bélières, ni des jetons et méreaux du chapitre. Ces petits monuments sont dans les mains de tout le monde.

Mais en attendant que je reprenne ailleurs ce document, il doit trouver sa place à la suite de mon essai sur la Notre-Dame de Grâce de Cambrai. Cette indemnité que je dois au lecteur, je la lui offre avec empressement, après l'avoir trop longtemps occupé d'études qui, pour avoir un certain intérêt, n'en sont pas moins d'une grande aridité. C'est Monseigneur Louis Belmas qui va parler :

« .... Quand je suis arrivé à Cambrai, l'église de Saint-
» Aubert, aujourd'hui sous l'invocation de Saint-Géry, et dont j'ai
» fait pendant trois ans ma cathédrale, était encore transformée
» en un dépôt d'objets d'arts et de librairie. C'est là qu'était
» entreposé, entassé ce qu'on avait pu sauver des tableaux, statues,
» livres et manuscrits des nombreuses églises et des riches abbayes
» du Cambrésis. L'image miraculeuse de Notre-Dame de Grâce y
» était aussi déposée, mais elle s'y trouvait dégarnie des entourages
» d'argent doré et d'or de son ancienne châsse; on m'a dit que ces
» entourages avaient été très-riches, et même qu'on y voyait des
» diamants et d'autres pierres précieuses. Quand on me la montra,
» toute espèce de bordure lui manquait, elle était simplement
» préservée par un verre. La peinture était bien conservée. L'ecclé-
» siastique qui me la présenta me dit que cette madone avait été
» peinte par saint Luc. Le digne homme le croyait bien sincère-
» ment; ce n'était pas le moment de tenter de le détromper. Je pris
» immédiatement possession de cette image vénérée, et j'annonçai
» que bientôt viendrait le moment de rétablir la dévotion que les
» âmes pieuses conservaient à cette sainte image.

» Nous étions dans le mois de juin, et depuis peu de temps j'avais
» fait mon entrée dans Cambrai, quand je pris possession de ce

» tableau de la Sainte Vierge. Il n'était pas possible d'en célébrer
» la fête avec pompe au 15 août de la première année de mon
» épiscopat, nous avions tant à faire ! Cependant les habitants de
» Cambrai me demandèrent avec instances le rétablissement public
» de cette dévotion. Un jour du printemps de 1803, je dînais à la
» campagne avec M. Douai, alors maire de Cambrai, et avec
» M. d'Abancourt, alors, je crois, conseiller municipal ; ces messieurs
» me pressèrent de leur promettre la procession du 15 août pour
» 1803. Très-certainement j'étais bien désireux d'y consentir, mais
» le culte public était rétabli depuis trop peu de temps, et l'on
» pouvait peut-être redouter encore les souvenirs révolutionnaires
» de quelques brouillons. Mes commensaux m'assurèrent pourtant
» qu'aucun scandale n'était à craindre, et que les opposants, s'il en
» existait, seraient en très-petite minorité. Je leur dis alors : —
» Messieurs, vous savez que les vicaires des deux paroisses n'ont
» aucun traitement ; promettez-moi de leur en donner un, et je
» vous promets pour cette année la procession du 15 août. — Je fus
» pris au mot. Je me rappelle que M. d'Abancourt me demanda si
» je ferais la procession par toute la ville, je lui répondis en riant :
» — Plus le traitement des vicaires sera élevé, et plus longue sera
» la procession. — On m'assura que je serais satisfait, et, je le
» reconnais, les vicaires furent alors convenablement rétribués.
» J'annonçai bientôt que la procession de Notre-Dame de Grâce
» allait être rétablie, et que je suivrais, avec tout mon clergé,
» l'image miraculeuse de la Sainte Vierge, à sa fête du 15 août.
  » La châsse fut bientôt rétablie et ornée. Les présents lui arrivè-
» rent de toutes parts ; quelques vieux bijoux à diamants, jadis

» offerts à la Vierge, et qui avaient été religieusement sauvés et
» conservés, me furent bientôt restitués pour que j'en ornasse de
» nouveau la sainte image.

» Enfin le jour tant désiré arriva. Il faisait un temps admirable;
» tous les villages du Cambrésis, une multitude d'habitants des
» villes voisines accoururent à Cambrai pour revoir la Notre-Dame
» de Grâce, cachée depuis dix ans, mais que personne du pays
» n'avait encore oubliée. Quand on la sortit de son habitacle, et
» qu'à genoux devant l'autel je prononçai à haute voix *Ave Maria!*
» un grand bruit remplit aussitôt les voûtes de l'église. Jamais
» prière à la sainte Vierge n'avait été prononcée avec tant de ferveur
» par une aussi grande masse de peuple. Ce ne fut pas sans grande
» peine que la procession parvint à sortir de l'église. Je suivais
» immédiatement la châsse : à peine fut-elle arrivée sur le haut per-
» ron, que nous allions descendre, qu'un immense cri d'admiration
» s'éleva dans les airs. Toute la population qui remplissait la place
» Fénelon tomba à deux genoux; elle pleurait, elle priait, elle
» sanglottait, elle poussait des vivats, elle battait des mains, elle
» agitait des mouchoirs, des chapeaux....... Je n'ai jamais rien
» vu ni rien entendu d'aussi majestueux, d'aussi attendrissant.
» Les mères mettaient leurs petits enfants sur leurs têtes, pour qu'ils
» pussent voir l'image sainte dont elles leur parlaient si souvent,
» et que beaucoup d'entre elles avaient pu croire perdue.

» La procession dura plus de quatre heures; nous ne pouvions
» avancer qu'à petits pas. On m'a dit que cent mille personnes
» étaient entrées à Cambrai ce jour-là. J'étais bien heureux de voir
» combien la foi était vive dans mon diocèse, et combien notre

» sainte religion y avait jeté de profondes racines ; certes, ce beau
» jour a été le plus émouvant de ma longue carrière. Il y a trente-
» six ans qu'il est passé, je me le rappelle comme s'il n'était passé
» que d'hier. Jamais la sainte image n'a été aussi miraculeuse que
» le 15 août 1803. Elle a produit une manifestation de foi électrique.
» Faites donc du philosophisme, messieurs les esprits forts, il ne
» faudra que la vue d'une planche, d'une toile sur laquelle un
» peintre inconnu aura représenté la mère de Dieu portant son fils
» dans ses bras, pour dissiper comme par enchantement le mal
» un instant produit par vos déclamations impies !

» Pendant neuf jours la châsse resta exposée dans l'église cathé-
» drale, et pendant neuf jours la ville ne désemplit pas d'étrangers
» qui retrouvaient avec bonheur la madone tant révérée dans leurs
» jeunes années, ou bien qui voyaient pour la première fois l'objet
» de la tendre dévotion de leurs aïeux, l'image sainte dont les
» miracles racontés par leurs mères avaient si souvent frappé leurs
» jeunes imaginations......... »

Je termine ici mes recherches sur la Notre-Dame de Grâce de
Cambrai. Je ne pourrais plus d'ailleurs intéresser après l'anecdote
si touchante racontée par Monseigneur Louis Belmas. Je sens tout
ce qu'il y a de faible, d'incomplet dans mon travail, et je ne le
présente à la Commission historique du Nord que comme renseignements à utiliser quand un savant archéologue, comme elle en
compte tant dans ses rangs, voudra traiter un sujet que je reconnais
être beaucoup trop au-dessus de mes forces.

FIN.

NOTRE DAME DE GRACE

de la

Cathédrale de Cambrai

(Réduite à 1/2.)

Fig. 2.

Fig. 1re.

Fig. 4.

Fig. 3.

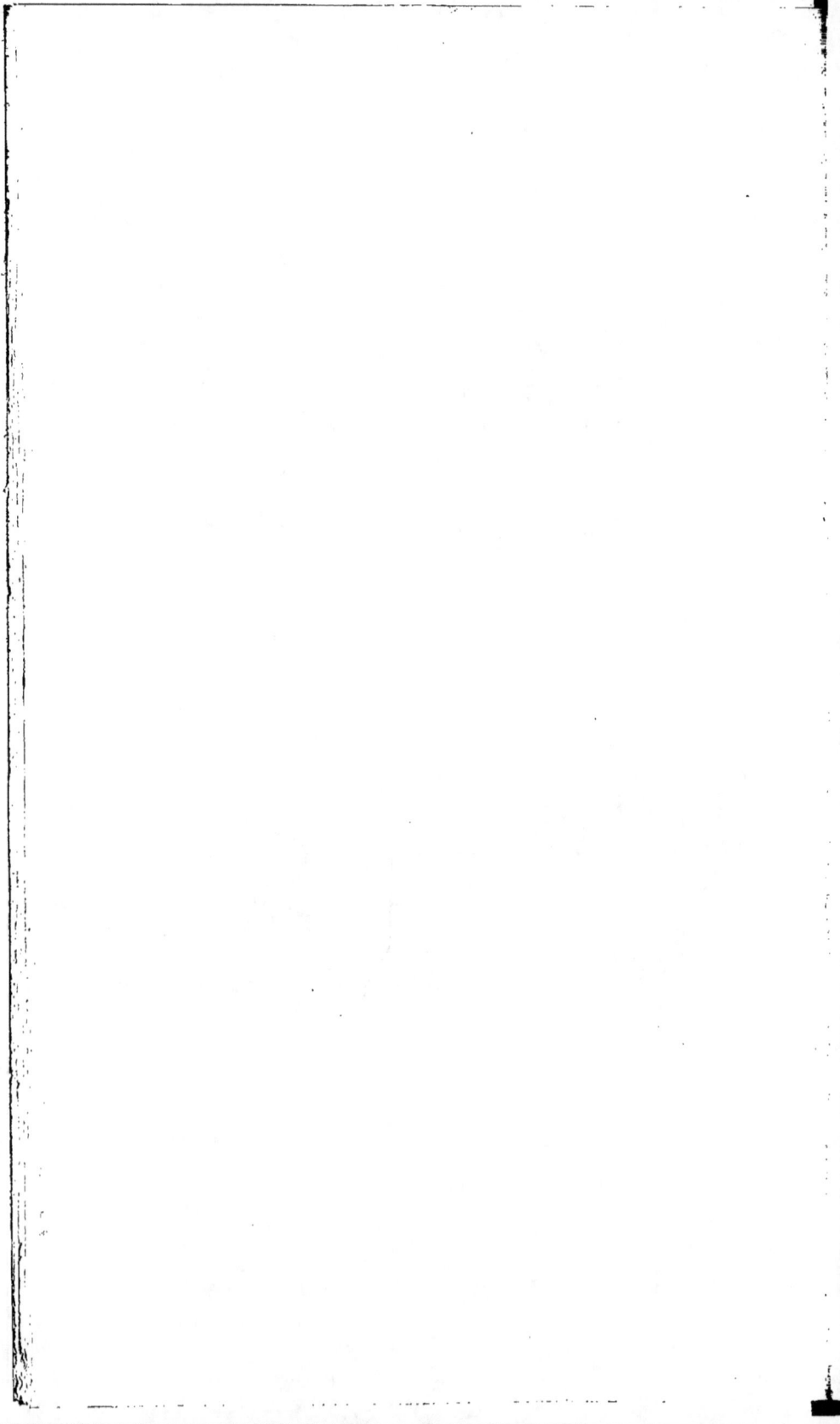

EXPLICATION DES PLANCHES.

Planche 1.re — Copie, réduite au douz:ème environ, de l'image de NOTRE-DAME DE GRACE de la cathédrale de Cambrai.

Planche. II. — *Fig.* 1.re SCEAU en cire blanche de la cathédrale de Cambrai, antérieur au XVIe siècle. (Du cabinet de M. Ed. Lesne.)

 Fig. 2. SCEAU en cuivre jaune du chapitre de la cathédrale de Cambrai, antérieur au XVIIe siècle. (Du cabinet de M. Ed. Lesne.)

 Fig. 3. Copie d'une eau-forte du XVIIe siècle représentant ce qui restait alors de peintures sur les murs de la SANTA CASA dans l'église de N.-D. de Lorette (*Voyage en Italie*, de Misson : La Haye, chez Hulderen, 1694, tom. II, pag. 237.)

 Fig. 4. Réduction d'une PLAQUE DE BAUDRIER d'un officier inférieur du chapitre de la cathédrale de Cambrai. (Elle est en cuivre jaune coulé en relief, et postérieure au XVIIe siècle. — Du cabinet de M. Failly.)

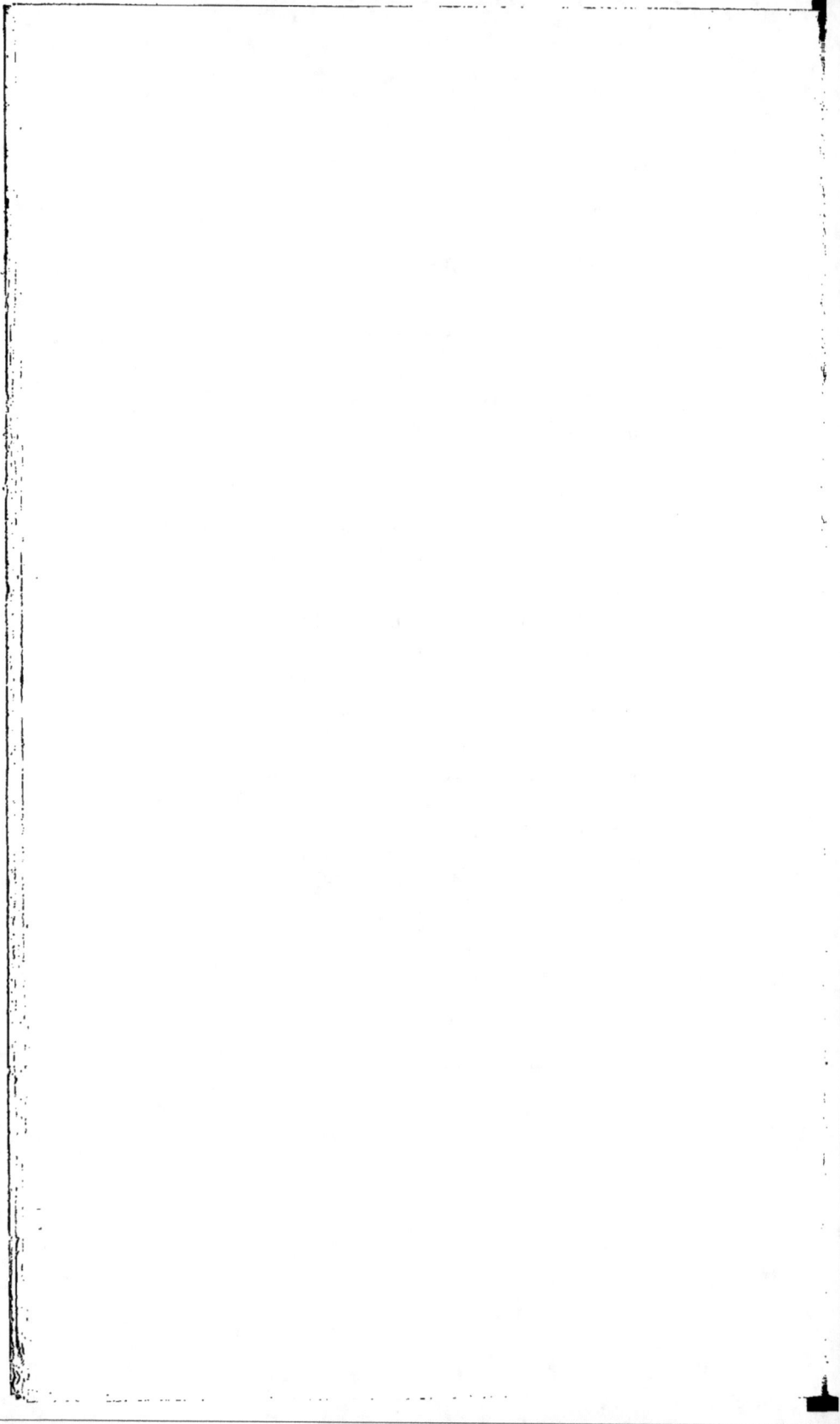

www.ingramcontent.com/pod-product-compliance
Lightning Source LLC
LaVergne TN
LVHW020052090426
835510LV00040B/1671